중국의 법치 신시대

중국의 플랜

외문출판사

2019 년 제 1 판

ISBN 978-7-119-11246-6

외문출판사유한책임공사 출판
주소 : 中國北京百萬莊大街 24 號
우편번호 : 100037
http://www.flp.com.cn
중국 국제도서무역총공사 발행
주소 : 中國北京車公莊西路 35 號
우편번호 : 100044 호
중국 베이징 우편함 제 399 호
중화인민공화국 경내에서 인쇄

중국의 플랜

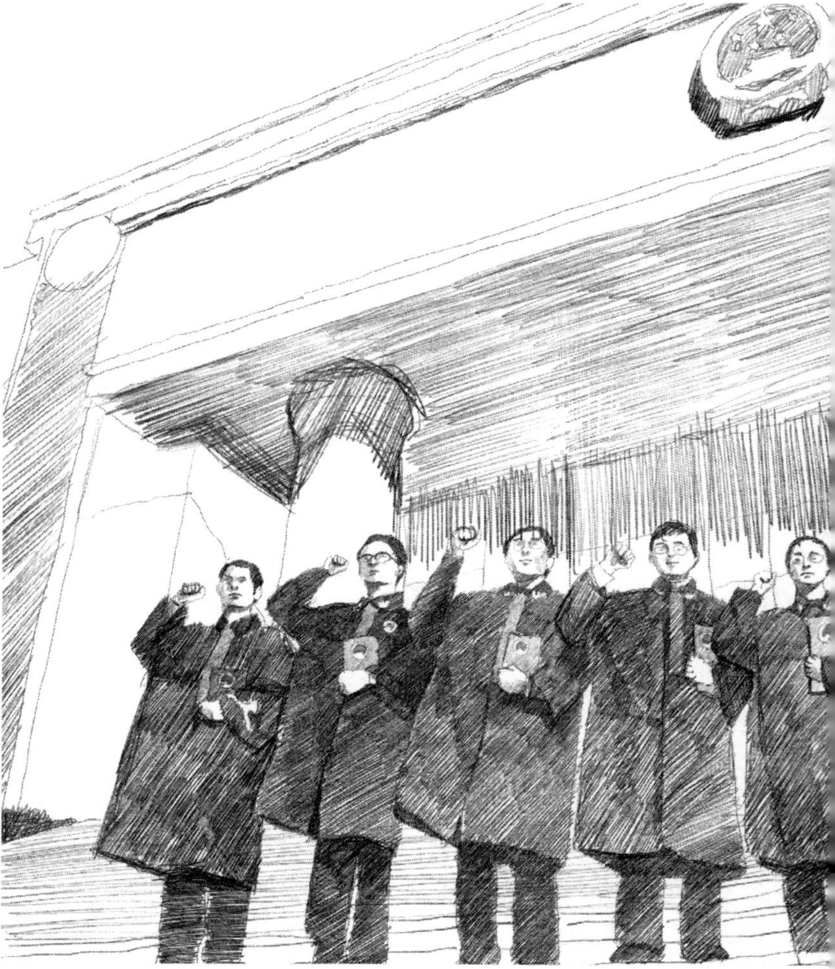

중국공산당은 법치 건설을 매우 중요시한다. 지금까지 오랜 기간, 특히 당의 제11기 3중전회 이후, 중국공산당은 중국 사회주의 법치 건설의 성공적인 경험과 심각한 교훈을 진지하게 총화한데 기초하여 인민민주를 보장하기 위해서는 반드시 법치를 강화하고 민주를 제도화, 법률화하며 법에 의한 치국을 당이 국민을 영도하여 나라를 다스리는 기본 계획과 책략으로 확정하고, 법에 의한 집정을 당의 국정 운영의 기본 방식으로 확정할 것임을 제시하였다.

당의 18차 대회 이후, 제18기 4중전회에서는 중국공산당의 역사에서 처음으로 '의법치국(依法治國)'을 테마로 한《의법치국의 몇 가지 중대 문제를 전면적으로 추진할 데 관한 중공 중앙의 결정》을 내놓고 의법치국을 전면적으로 추진하기 위한 지도사상, 총체적 목표, 기본원칙 및 주요 임무를 명확히 제시하였으며 입법, 집법, 사법, 수법, 법치 대오 건설과 의법치국에 대한 당의 영도를 강화하고 개진할데 대한 전면적인 배치를 행하였다. 이는 새로운 정세하에서 의법치국의 전면적 추진을 지도하는 강령적인 문헌으로서 중국 특색 사회주의 법치체계 건설, 사회주의 법치국가 건설, 사회주의 법치문화 건설에서 매우 중대하고도 심원한 의미가 있다.

/02

《중화인민공화국 민법 총칙》의 탄생

2017 년 3 월 15 일은 중화인민공화국 법제사에서 특기할 만한 날이다. 중국 민법전(民法典)의 첫 부분 작품인《중화인민공화국 민법 총칙》의 탄생은 '사회생활 백과전서' 로 간주되는 민법전의 관건적인 한 페이지이다. 민법전은 한 나라 법률체계의 성숙정도를 보여주는 중요 표징으로 된다.

장기적인 꾸준한 노력을 거쳐 중국 특색 사회주의 법률체계가 이미 형성되었고 법치정부 건설이 안정적으로 추진되고 있으며 사법체제가 끊임없이 완벽해지고 전반 사회의 법치의식이 뚜렷이 강화되어 중국 특색 사회주의 법치가 역사적인 성과를 거두었다 .

/ 04

《법치를 강조하면 할수록 입법 품질이 향상된다》

2013 년 2 월 23 일, 시진핑 총서기는 중공 중앙 정치국 제 4 차 집단학습에서 다음과 같이 강조했다. "입법에 대한 인민대중의 기대는 이미 있느냐 없느냐가 아니라 잘 하느냐 못 하느냐, 역할을 하느냐 못 하느냐, 실제문제를 해결할 수 있느냐에 있습니다. 무슨 법이나 다 나라를 다스릴 수 있는 것이 아니며 무슨 법이나 다 나라를 잘 다스릴 수 있는 것이 아닙니다. 법치를 강조할수록 입법 품질이 향상되는 것입니다."

05

법치정부의《권력 리스트》

법치정부의 핵심적 내실은 의법행정으로서 권력의 행사를 제멋대로 하지 않도록 확보하는 것이다. 최근 연간 '권력 리스트'가 자주 공중의 시야에 들어오면서 사회의 열띤 화제로 되고 있다.

이른바 권력 리스트란 정부가 대외에 발포한 '메뉴'와 같은 것이다. 정부가 얼마만한 권력을 가지고 있는 지는 '메뉴'에 똑똑히 밝혀져 있으며 그밖의 권력에 대해서는 정부가 더 권력을 행사하지 못하게 되어 있다.

권력 리스트제도를 추진하는 것은 본질적으로 행정권력을 정리함으로써 정부가 무엇을 할 수 있고 무엇을 할 수 없는 지의 문제를 해결하는 것이다. 이는 각급 정부가 법에 따라 직능을 전면적으로 이행하도록 추진하는 중요한 의미를 가진다.

06

당의 19 차 대회에서 내놓은 '중국 특색 사회주의가 신시대에 들어섰다' 는 중대 논단은 신정세에 직면하고 신기점에 입각한 중국의 법치건설에 귀중한 역사적 기회를 제공하였으며 중국의 사회주의법치 건설을 신시대로 이끌고 있다 . 따라서 전면적 의법치국의 총체적 목표를 보다 잘 실현하고 국가법제의 통일과 존엄 , 권위를 보다 잘 수호하며 인권의 법치 보장을 강화하고 법에 따른 국민의 광범위한 권리와 자유를 보장하게 된다 .

법치는 중국 특색 사회주의의 본질적 요구이다

사회주의의 본질은 생산력을 해방하고 발전시키며 착취를 소멸하고 두 극단의 분화를 제거하여 최종적으로 공동 부유의 목적에 도달하는 것이다 . 이제까지의 오랜 기간 우리는 사회주의의 본질을 인식함에 있어서 보다 많이는 '생산력의 해방과 발전' 에 치중하였다 . 이는 개혁개방 초기 , 생산력이 매우 뒤지고 물질이 매우 부족한 상황에 적응하는 것이었다 . 그러나 중국의 사회경제가 발전함에 따라 중국 사회주의 건설의 주요 문제가 '케익 만들기' 에서 점차 '케익 만들기' 와 '케익 나누기' 를 다 같이 중요시하는 데로 전변되었다 .

때문에 당의 제 18 기 5 중전회에서는 '공동 향유는 중국 특색 사회주의의 본질적 요구' 라고 제시하여 중국 특색 사회주의 이론에 대한 시대의 발전 수요에 순응하였다 . 그러나 공동 향유 , 특히 부를 다 같이 누린다는 것은 실천과정에서 많은 문제에 직면하게 되므로 공동 부유의 실현이 결코 쉬운 일이 아니다 . 그것은 구체적인 분배정책에서 혁신을 필요로 할 뿐만 아니라 국가의 총체적 제도설계에서 공평하고 공정하며 공동 향유를 기반으로 해야 한다 .

중국 특색 사회주의의 발전이 이 단계에 이르러 법치의 중요성은 한결 더 두드러지었다 . 인류문명의 발전과 중국 역사발전의 길을 돌아 볼 때 , 공평과 공동 향유는 문제의 해결과 공동 부유의 문제 해결은 역시 양호한 법에 의존하여 다스려야 하는 것이었다 . 이러한 '양호한 법에 의존하여 다스리는 것' 이 바로 법치인 것이다 .

때문에 중공 19 차 대회에서는 전면적인 의법치국을 중국 특색 사회주의의 본질적 요구와 중요 보장임을 명확히 제시하였다 . 이는 법치인식에 대한 신시대의 진일보한 심화이다 .

인민대중의 부름에 따른 입법의 호응

당의 18 차 대회 이후, 인구 및 산아제한법의 수정이 결정 채택되어 '전면적인 두 자녀' 정책이 실시되었고, 식품안전법이 적시에 수정되어 가장 엄격하고 전반 과정을 복개하는 식품안전 감독관리제도가 구축되었으며, 행정소송법이 24 년만에 처음으로 대폭 수정되어 '국민의 관료 고발' 문제가 입안되기 어렵고 심리되기 어려우며 집행되기 어렵던 문제를 중점적으로 해결하였고, 거주증 잠정조례가 시행되어 '임시거주증' 시대가 막을 내렸으며, 환경보호법이 전면적으로 수정되어 오염물제거가 '날카로운' 메스를 집어들게 되었고, 영화산업 촉진법이 표결 통과되어 영화대국이 '키 프레임' 을 맞게 되었다……

2017 년 6 월 말 현재, 제 12 기 전인대 및 그 상무위원회는 20 부의 법률을 제정하고 101 건 (차) 의 법률을 수정하였으며 36 건의 법률 및 중대 문제와 관련된 결정을 채택하고 9 건의 법률해석을 행하였다. 국무원은 행정법규 34 부를 제정 및 수정하여 '패키지' 방식으로 행정법규 125 부를 수정했다.

헌법선서제도

2015년 7월 1일, 제12기 전인대 상무위원회 제15차 회의에서는 '헌법선서제도' 를 수립하기로 결정하였다. 무릇 인민대표대회 및 그 상무위원회가 선거 또는 임명한 국가 공무원은 공식취임시 공개적으로 헌법에 선서함으로써 헌법에 의존하는 사유(思惟)가 모든 국가 공직자들의 가슴속에 자리잡게 되고 공직자는 오로지 인민대중을 위해 봉사할 의무가 있을 뿐 국민의 머리위에 군림할 특권은 없으며 헌법과 법률을 위반하는 일체 행위는 모두 반드시 책임을 추궁하고 바로 잡게 되리하는 것을 인식케 해야 한다.

中华人民共和国万岁
世界人民大团结

의법 집정의 기능을 강화하다

19 차 당대회 보고에서는 의법집정의 기능을 강화하고 , 당의 영도와 당 건설의 각 방면을 복개하는 당내 법규제도 체계의 형성을 가속화하며 , 국가 정권기관의 영도를 강화하고 개선할 것을 제시했다 . 이 논술은 매우 강력한 조준성과 현실성을 지니고 있다 . 당의 집정은 반드시 의법 집정 , 과학적 집정 , 민주적 집정이어야 한다 . 그 중에서 엔드라인은 바로 의법 집정이다 .

당이 어떻게 의법 집정을 하고 어떻게 헌법과 법률의 기틀 안에서 영도를 실현하며 어떻게 당내 입법과

국가 입법 방식으로 의법 행정 , 과학적 집정 , 민주적 집정을 확보하느냐는 신시대 법치건설의 중대 과제이다 .

순회법정

최고인민법원의 제 1 순회법정과 제 2 순회법정은 각각 2015 년 1 월 28 일과 2015 년 1 월 31 일, 광둥성 선전시와 랴오닝성 선양시에서 오픈했다. 순회법정의 법관은 법정에 상주하지 않으므로 유동성이 비교적 크고 팀의 결성에서 엄격한 조합관계가 존재하지 않으므로 안건의 심리에서 순회법정의 공정성을 확보하고 경향성을 제거할 수 있다.

일반적인 지방법정에 비해 순회법정은 지방 당과 정부의 제약을 보다 적게 받고 안건취급에서도 보다 자유롭고 독립적이다. 뿐만 아니라 일반 지방법정에 비해 내부 행정특징이 뚜렷한 직무가 대량 감소되므로 순회법정 법관의 독립의식과 평등의식이 보다 강하고 법정내무와 행정작업을 비법관인원에게 위탁 관리할 수 있으므로 매우 많은 면에서 비행정 본위가 아닌 법원 법관 본위의 특징이 두드러지게 된다.

剑河县
人民法院
巡回法庭

합헌성 (合憲性) 심사작업을 추진하다

헌법의 중요한 역할은 19 차 당대회 보고에서 제시한 중요 내용이다 . 이를테면 '헌법을 핵심으로 한 중국 특색 사회주의 법률체계를 완벽화한다' 든가 또 '헌법의 실시와 감독을 강화하고 합헌성 심사작업을 추진하며 헌법의 권위를 수호한다' 는 등은 헌법에 대한 당 중앙의 중시를 강조한 것이다 .

헌법은 국가의 근본 대법이며 또한 치국안방 (治國安邦) 의 총규약이다 . 각종 사업에서 헌법의 국가적 권력과 공

민의 권리 및 의무와 관련된 규제를 철저히 시행하는 자체가 바로 당의 영도와 인민의 주인됨, 그리고 의법치국의 유기적 통일의 구체적 구현으로 된다.

장기간에 걸쳐 중국은 헌법의 중요성에 대한 인식이 충분하다고 할 수 있지만 실천 과정에서 위헌행위를 어떻게 규정할 것인가 하는 면에서는 해결해야 할 문제들이 많이 존재하고 있다.

19 차 당대회 보고에서는 '합헌성 심사작업을 추진하자' 고 명확히 제시함으로써 중국의 헌법실시 작업의 개혁 방향을 명시하였다. 오로지 헌법이 진정성 있게 중국 특색 사회주의 법률체계의 핵심이 되고 헌법의 모든 규제 요구가 진정성 있게 당과 국가의 모든 사업에서 엔드라인과 골라인이 되어야만 의법치국의 대업이 최종적인 성공을 이룰 수 있는 것이다.

국가 헌법일

2014 년 11 월 1 일, 제 12 기 전인대 상무위원회 제 11 차 회의에서는 12 월 4 일을 국가 헌법일로 결정, 채택함으로써 전국적으로 헌법을 존중시하고 헌법을 최고로 받들며 헌법으로 국민대중의 권익을 수호하는 사회적 분위기를 형성하게 되었다.

유치 (留置) 로 '쌍규 (雙規)' 조치를 대체하다

19 차 당대회 보고에서는 "국가 감찰법을 제정하고 법에 따라 감찰위원회에 직책 권한과 조사 수단을 부여하며 유치 (留置) 로 '쌍규 (雙規)' 조처를 대체한다" 고 제시하였다 . 이는 중국에서 오랜 기간 존재해 온 '쌍규' 조처가 의법치국을 전면적으로 추진하는 대세하에서 법치화되고 유치조치로 대체됨을 말해준다 .

이른바 '쌍규' 란 관련 인원에 대해 '정해진 시간과 정해진 장소' 에서 문제를 자백하게 하는 작법을 지칭한다 . '쌍규' 조처는 반부패 투쟁에서 날카로운 무기로 되기도 하지만 또한 일부 문제점도 안고 있다 .

의법치국을 전면적으로 추진하려면 인민대중에 조준한 권력활동이 법에 따라 진행되도록 요구해야 할 뿐만 아니라 당내의 당원간부에 대한 권력활동도 법규에 따라 진행되도록 요구해야 하며 , 인민대중의 기본 권리로 하여금 법치의 보장을 향유하도록 해야 할 뿐만 아니라 당원간부의 기본권리도 법치의 보장을 받도록 해야 한다 .

사리를 도모하지 말고 법규에 따라 일을 처리하다

부패를 반대하고 청렴을 제창하려면 반드시 특권사상과 특권현상을 반대해야 한다. 공산당원은 영원히 근로인민의 평범한 일원이며 법률과 정책규제 법위내의 개인 이익과 직무 권한을 제외하고는 그 어떤 사리와 특권도 도모해서는 안 된다.

—2013 년 1 월 22 일, 제 18 기 중앙기율검사위원회 제 2 차 전원회의에서 한 시진핑의 연설에서

따라서 '쌍규' 조처의 법치화를 추진하고 유치조처로 '쌍규' 조처를 대체하여 전통적인 '쌍규' 조처가 법치의 궤도위에서 실시될 수 있도록 하는 것은 또한 모든 당원간부의 절실한 권익에 관련되는 중대한 법치조처로도 된다 .

전면 의법치국 중앙 지도팀의 설립

전면 의법치국의 중앙지도팀을 설립하고 법치중국 건설의 통일적인 영도를 강화할데 대한 제시는 19 차 당대회 보고 중 법치논술의 한 포인트이다 .

의법치국을 전면적으로 추진하는데 있어서 '전면 (全面)'이 매우 중요하다 . 법치중국을 전면적으로 건설하려면 당중앙의 집중 영도하에서 전당과 전국 , 전군 및 전사회의 힘을 동원하여 법치건설을 추진해야 한다 . 이를 위해서는 반드시 법치건설에 대한 통일적인 영도를 강화하고 입법 , 집법 , 사법 , 법률지식 보급의 전반적인 작업절차를 잘 조절하여 법치건설로 하여금 정법부처의 대사로 되게 하고 또한 모든 당 , 정 , 군 기관부처의 대사로 되게 해야 한다 .

'16 자(字) 방침'으로 의법치국의 새 국면을 열다

2017 년 9 월 11 일, 제 22 기 국제검찰관공동연차회의 및 회원대표대회가 베이징에서 개막되었다. 시진핑 국가 주석은 축하메세지를 보내어 다음과 같이 강조했다. 중국정부는 전면적 의법치국을 고도로 중요시하며, 과학적 입법(科學立法), 엄격한 집법(嚴格執法), 공정한 사법(公正司法), 전면적 법준수(全面守法)를 지속적으로 추진하고 의법치국, 의법집정, 의법행정의 공동추진을 견지하며 법치국가, 법치정부, 법치사회의 일체화 건설을 견지하고 중국 특색 사회주의 법치체계의 건설과 사회주의법치국가의 건설에 노력할 것이다.

의법치국패턴의 중대한 전환과 업그레이드

중국법학회 당조 서기이며 상무 부회장인 천지핑(陳冀平)은 당의 18 차 대회 이후, 의법치국의 패턴이 중대한 전환과 업그레이드를 가져왔다고 하였다. 즉 '돌을 두드려 가며 강을 건너던' 데서 정층설계와 과학적 구도에로, 법률체계 건설에서 법치체계 건설에로, 법률대국에서 법치강국에로, 의존할 법이 있던 데서 양법선치(良法善治)에로, 형식적인 법치에서 형식적인 법치와 실질적인 법치의 유기적인 결합에로 업그레이드하였다는 것이다. 이러한 것들은 모두 법치중국을 건설하는 장원한 목표의 실현에서 튼실한 토대로 된다.

图书在版编目（CIP）数据

中国法治新时代：韩文 / 张效羽著；安义运，崔玉实译．
—北京：外文出版社，2017.12
（“绘划中国方略”口袋册）
ISBN 978-7-119-11246-6
Ⅰ．①中… Ⅱ．①张… ②安… ③崔… Ⅲ．①社会主义法制－建设－中国－朝鲜语 Ⅳ．①D920.0
中国版本图书馆CIP数据核字（2018）第002801号

策　　划：解　琛
统　　筹：文　芳
作　　者：张效羽
绘　　画：李浩然
责任编辑：文　芳　陈丝纶
韩文翻译：金玉美　崔玉实
韩文审定：安义运
装帧设计：一瓢文化·邱特聪
排版制作：北京维诺传媒文化有限公司
印刷监制：秦　蒙

中国法治新时代

出 版 人：徐　步
出版发行：外文出版社有限责任公司
地　　址：北京市西城区百万庄大街24号　　邮政编码：100037
网　　址：http://www.flp.com.cn　　电子邮箱：flp@cipg.org.cn
电　　话：008610-68320579（总编室）　　008610-68996158（编辑部）
008610-68995852（发行部）　　008610-68996183（投稿电话）

印　　刷：北京京鲁数码快印有限责任公司
经　　销：新华书店/外文书店
开　　本：787×1092mm　1/32
字　　数：8千
印　　张：1.375
版　　次：2019年4月第1版第1次印刷
书　　号：ISBN 978-7-119-11246-6
定　　价：48.00元